BIODÔME

DANS LE SENS DU POIL

SCÉNARIO
FRÉDÉRIC ANTOINE

DESSIN ET COULEURS
YOHANN MORIN

COULEURS
JEAN-PHILIPPE MORIN
ESTELLE BACHELARD
MIGUEL BOUCHARD

boomerang

À mes amis qui m'encouragent toujours dans cette voie.
À Laurent et Marie-France, pour leurs conseils et leur disponibilité.
À Yoh, pour son talent et sa confiance depuis 5 ans. We got it!
FRED

À mes parents et amis de longue date, qui ont toujours cru que je ferais enfin quelque chose de mon talent.
À Geneviève, qui m'a soutenu et encouragé tout au long de la lente gestation de ce premier opus.
À Fred, ce collègue hors pair qui supporte mes angoisses d'artiste sans broncher!
YOH

Les auteurs remercient Manon, Danielle et Aline pour leur confiance, les gens du Biodôme de Montréal,
ainsi que Jean-Philippe, Estelle, Miguel et Yves, nos vaillants coloristes.

Scénario : Frédéric Antoine
Dessin et couleurs : Yohann Morin
Graphisme : Yohann Morin et Frédéric Antoine

© 2011 Boomerang éditeur jeunesse inc.

Gouvernement du Québec – Programme de crédit d'impôt
pour l'édition de livres – Gestion SODEC

Boomerang éditeur jeunesse remercie la SODEC pour l'aide
accordée à son programme éditorial.

Nous reconnaissons l'aide financière du gouvernement du
Canada par l'entremise du Fonds du livre du Canada (FLC)
pour nos activités d'édition.

Dépôt légal – Bibliothèque et Archives nationales du Québec,
4e trimestre 2011

ISBN 978-2-89595-589-4

Imprimé en Chine
Importé par :
Boomerang éditeur jeunesse inc.
Case postale 82005, Terrebonne
(Québec) Canada J6X 4B2

www.boomerangjeunesse.com

VOUS ÊTES UNE BANDE DE **SAUVAGES!**

DES ANIMAUX SAUVAGES.

ET C'EST AUJOURD'HUI QUE VOUS DEVEZ LE PROUVER!

DANS UNE HEURE, JE REÇOIS LA VISITE DE NOS PARTENAIRES JAPONAIS...

LE BIODÔME A BESOIN DE NOUVELLES SUBVENTIONS!

DONC, CETTE JOURNÉE DOIT ÊTRE **EXEMPLAIRE.** VOUS DEVEZ ÊTRE LE PLUS **NATUREL POSSIBLE.**

DES QUESTIONS?

PRON

HUM... C'EST COMMENT UNE LOUTRE AU NATUREL?

MAIS NON, UNE LOUTRE, ÇA N'A PAS D'AILES.

LE MILIEU POLAIRE ET SES ADORAAAABLES MANCHOTS, GORFOUS ET MACAREUX.

KAWAII!

MÉFIEZ-VOUS! J'AI FAIT LE VIETNAM. J'AI APPRIS À TUER À NAGEOIRES NUES!

LE GOLFE DU SAINT-LAURENT ET SON LITTORAL AVEC UN BASSIN D'EAU DE MER QUI ABRITENT DIFFÉRENTES ESPÈCES DE POISSONS...

ET DES OISEAUX... FACÉTIEUX!

LA ZONE ÉRABLIÈRE QUI ABRITE PORC-ÉPIC, CASTOR, LOUTRE ET...

BEN QUOI? JE FAIS COMME TOI : JE SUIS NATUREL!

?

NOTRE ÉNERGIQUE LYNX!

Ouuu!

MIAOWWRRR FSCHHHH KSSSS!

BAXTER, N'EN FAIS PAS TROP QUAND MÊME!

NOUS ARRIVONS MAINTENANT À LA FORÊT TROPICALE! TEMPÉRATURE TOUJOURS SUPÉRIEURE À 20 DEGRÉS. HUMIDITÉ À 70%. DE QUOI TRANSPIRER DES OREILLES!

PAS BESOIN DE TRADUIRE ÇA! HÉ HÉ HÉ...

ICI, VOUS POUVEZ ADMIRER NOS OISEAUX MULTICOLORES ET DES MAMMIFÈRES TELS QUE PARESSEUX, CAPYBARAS OU TAMARINS.

ATTENTION, LES VOILÀ! TU CONNAIS TON TEXTE?

ÉVIDEMMENT! AYONS L'AIR "NATUREL"!

HOUHOUHON! HOUWAWOU! WAHON!

GRRRRRR...

CES AQUARIUMS PERMETTENT DE DÉCOUVRIR DE NOMBREUSES ESPÈCES DE POISSONS, DONT LE DANGEREUX PIRANHA.

RHÔÔÔ!

S'IL VOUS PLAÎT, DITES AU MONSIEUR DE NE PAS SE PENCHER AU-DESSUS DU BASSIN.

PARMI LES REPTILES, NOUS SOMMES TRÈS FIERS DE CE MAGNIFIQUE ANACONDA FEMELLE, UN DES PLUS GRANDS VIVANTS EN CAPTIVITÉ.

GROSSE?

GLOS SELPENT!

BÂÂÂÂILLE!

yoh.Fa

yoh.Fa

TU ME NIAISES, TOGO? COMMENT CES DEUX PETITS SINGES POURRAIENT ÊTRE DES GÉNIES?

DES TAMARINS, SAMUEL! PAS DES PETITS SINGES! FAIS ATTENTION, ILS SONT TRÈS SUSCEPTIBLES.

IGOR, GRISHKA... SAMUEL AURAIT UNE QUESTION POUR VOUS!

BEN... QU'EST-CE QUE JE LEUR DEMANDE?

TROUVE UN TRUC! MAIS UN TRUC PLUTÔT SCIENTIFIQUE ET HYPER COMPLIQUÉ!

BAOUM!

HEU... C'EST QUOI LA MÉCANIQUE QUANTIQUE?

OOOH... C'EST BON ÇA!!

...ENT DU CORPS NOIR QUI... ...LA MÉCANIQUE QUANTIQUE. AU DÉBUT... ...ME SIÈCLE, MAX PLANCK RÉSOUT EN EFFET... ...LÈME EN FAISANT L'HYPOTHÈSE QUE L'ÉNERGIE... ...OMES NE PEUT S'ÉCHANGER QUE PAR MULTIPLES... ...QUANTITÉS PROPORTIONNELLES À LA FRÉQUENCE D... ...YONNEMENT, SELON LA FORMULE DÉSORMAIS CÉLÈBR... ...= Hν. LA CONSTANTE H, DONT IL OBTIENT ALORS FA... ...EMENT UNE VALEUR NUMÉRIQUE PRÉCISE EN CONFRO... ...ANT SON MODÈLE AUX DONNÉES EXPÉRIMENTALES, ES... ...LORS ET EST TOUJOURS UNE GRANDEUR FONDAMENTA... ...N MÉCANIQUE QUANTIQUE, UN PEU AU MÊME TITRE QU... ...VITESSE DE LA LUMIÈRE EN RELATIVITÉ. CETTE IDÉE... ...RANDEURS ÉNERGÉTIQUES NE POUVANT S'ÉCHANGER Q... ...E FAÇON DISCRÈTE INSPIRERA ALORS DE NOMBREUX PH... ...SICIENS, COMME NIELS BOHR, QUI S'EN SERVIRONT... ...OTAMMENT POUR DÉVELOPPER UN MODÈLE DE LA STRU... ...RE DE L'ATOME. PLUS GÉNÉRALEMENT, CE FUT LE DÉB... ...E CE QU'ON APPELA LA THÉORIE DES QUANTA. PEU D... ...TEMPS APRÈS LA DÉCOUVERTE DE PLANCK, ALBERT... ...STEIN EN PROPOSE UNE INTERPRÉTATION PHYSIQUE... ...UGGÈRE QUE LA QUANTITÉ Hν SOIT L'ÉNERGIE D'U... ...TICULE ÉLECTROMAGNÉTIQUE QU'IL APPELLE PH... ...RÉINTRODUCTION D'UNE CONCEPTION COR... ...LA LUMIÈRE VA INCITER LOUIS DE B... ...RELATION ANALOGUE À CE...

...L'INSTIGATEUR DE LA... ...QUI INCITERA CERTAINS PHYSICIENS... ...UNE DESCRIPTION ONDULATOIRE DE LA MAT... ...RMI CEUX-CI, ERWIN SCHRÖDINGER Y PARVIENT... ...ENT UNE ÉQUATION DIFFÉRENTIELLE, PORTANT DÉS... ...AIS SON NOM, QUI PERMET DE DÉCRIRE PRÉCISÉME... ...VOLUTION QUANTIQUE D'UNE PARTICULE. CETTE ÉQUAT... ...OUVA RAPIDEMENT SA PERTINENCE DANS SA DESCRIPT... ...DU MODÈLE DE L'ATOME D'HYDROGÈNE. PARALLÈLEMENT... ...WERNER HEISENBERG AVAIT DÉVELOPPÉ UNE APPROCHE... ...RADICALEMENT DIFFÉRENTE, QUI S'APPUYAIT SUR DES... ...LCULS MATRICIELS DIRECTEMENT INSPIRÉS DE LA MÉCAN... ...QUE ANALYTIQUE CLASSIQUE. CES DEUX APPROCHES, AINS... ...QUE LA CONFUSION CONCERNANT LE CONCEPT DE DUALIT... ...DE CORPUSCULE, DONNAIENT À LA MÉCANIQUE QUANTIQ... ...ISSANTE UN BESOIN DE CLARIFICATION. CETTE CLARIFIC... ...ON INTERVINT GRÂCE AUX TRAVAUX D'UN PHYSICIEN BR... ...NNIQUE, PAUL ADRIEN DIRAC. DANS UN OUVRAGE PUBL... ...1930, PRINCIPES DE LA MÉCANIQUE QUANTIQUE, DIR... ...TRE QUE LES DEUX APPROCHES, CELLES DE SCHRÖ... ...ET HEISENBERG, NE SONT EN FAIT QUE DEUX RE... ...TATIONS D'UNE MÊME ALGÈBRE LINÉAIRE. DANS... ...GE FONDATEUR, DIRAC EXTRAIT LES LOIS D... ...QUANTIQUES, EN FAISANT ABSTRACTIO... ...ROSÉES PAR LA PHYSIQUE...

??

ET EN PLUS, ILS SONT PAS EN FORME AUJOURD'HUI!

Yoh.Fa

AVANT DE QUITTER LA ZONE TROPICALE POUR POURSUIVRE NOTRE VISITE, IL NOUS RESTE UN DERNIER ANIMAL À DÉCOUVRIR. DEVINEZ LEQUEL, LES ENFANTS?

LE DALMATIEN?

LA MÉDUSE?

LE YÉTI?

LE LION?

LE PARESSEUX À DEUX DOIGTS! CE MAMMIFÈRE À DEUX DOIGTS AIME SE CACHER DANS LES HAUTES BRANCHES POUR FAIRE SA SIESTE.

OO OOH!

JE DOIS M'ABSENTER CINQ MINUTES, ALORS JE VOUS LAISSE LE CHERCHER. SOYEZ SAGE!

Z'ALLEZ FAIRE PIPI, MONSIEUR?

?

VOUS CHERCHEZ QUOI, LES P'TITES CRAPULES?

LE PARESSEUX!

BEN, IL EST LÀ!

OÙ ÇA?

J'LE VOIS PAS!

HÉ, GARS!

ÊTRE EN VOIE D'EXTINCTION, C'EST PAS TOP! ALORS, MOI, JE DÉNONCE EN HIP-HOP!

Y EN A QU'ONT L'AIR DE S'EN FOUTRE! COMME SI C'ÉTAIT JUSTE LE BLEM DES LOUTRES!

HÉ, LES GAAAARS!

KESTUVEUX?

C'EST LE RAPALOUTRE, LE RAPA...

ON VIENT DE ME PRÉVENIR QUE MON COUSIN JABBA A ÉTÉ TRANSFÉRÉ À LA BIOZONE!

C'EST CAÏMAN GÉNIAL!

ZYVA, POURQUOI T'ARRÊTES LA ZIQUE, BAXTER? T'AS CASSÉ MA RIME!

TU NE NOUS AS JAMAIS PARLÉ DE CE COUSIN.

ON A PARTAGÉ NOTRE ENFANCE EN BOLIVIE. ON ÉTAIT PAREILS. ON NOUS PRENAIT POUR DES JUMEAUX.

AH BEN, C'EST SUPER! ÇA NOUS MANQUAIT JUSTEMENT, DES JUMEAUX À LUNETTES!

??

ET ÇA FAIT COMBIEN DE TEMPS QUE TU NE L'AS PAS VU?

UNE BONNE DIZAINE D'ANNÉES! IL ÉTAIT TOUT MAIGRICHON, COMME MOI, À L'ÉPOQUE. J'IMAGINE QU'IL A DÛ CHANGER DEPUIS!

ON Y EST, JE VAIS VOUS ...

LIVRAISONS

BUUUURP!

‼

RESTEZ TRANQUILLES, LES ENFANTS! LA VISITE N'EST PAS TERMINÉE. VOUS DEUX, ARRÊTEZ DE VOUS BATTRE! CAMILLE, LÂCHE LE PERROQUET! HUGO, DESCENDS DE LÀ!

EH BIEN, TOGO, T'AS L'AIR D'AVOIR DU MAL!

D'HABITUDE, JE N'AI PAS DE SOUCIS AVEC LES GROUPES SCOLAIRES. MAIS CEUX-LÀ, ILS SONT PLUTÔT TURBULENTS.

BAH, JE VAIS TE LES CALMER, MOI! ADMIRE LA TECHNIQUE, JEUNE PADAWAN!

?

SHOWTIME!

ET MAINTENANT, LES JEUNES, JE VOUS VEUX EN RANG DEUX PAR DEUX ET LE PREMIER QUI PARLE, GIGOTE, CHIALE, GRIMPE OU RESPIRE TROP FORT... IL IRA FAIRE UN TOUR AVEC LES POISSONS!

ET VOILÀ! FIN DE LA LEÇON!

J'AVOUE QUE C'EST RADICAL... MAIS EFFICACE!

Yoh.Fa

yoh-Fa

ARRÊTEZ FOTRE KOMÉDIE, BAGZDER! CHE NE VOUS AI MÊME PAS ENCORE TOUCHÉ!

JE SAIS! MAIS J'AI TOUJOURS BESOIN D'UN PETIT ÉCHAUFFEMENT! PERMETTEZ, J'EN FAIS UNE DERNIÈRE.

ACCORDÉ. MAIS APRÈS, CHE PIQUE!

yoh•Fa

RÉJEAN! AMÈNE-TOI. Y A JABBA QUI VIENT DE BOUFFER POLLUX!

IL VIENT D'AVALER UN CASTOR TOUT ROND... DIN DE BOIS! PFFFF...

MÉCHANT JABBA! JE T'AI DÉJÀ DIT DE NE PAS MANGER LES GENS SANS LEUR DEMANDER LA PERMISSION AVANT.

GNNNN... J'AI BIEN CRU QUE J'ALLAIS MOURIR, DIGÉRÉ PAR CE... CE BRONTOSAURE! J'AI MÊME APERÇU... LA LUMIÈRE AU FOND DU TUNNEL!

TU COMMENÇAIS PROBABLEMENT UN TRANSIT VERS UNE AUTRE VIE!

UNE VIE «NUMÉRO 2»!

.

ON NE PEUT PAS CONTINUER COMME ÇA. TON COUSIN EST INCAPABLE DE RESTER DEUX MINUTES SANS BOUFFER QUELQU'UN.

POUET!

LES AUTRES QUI SE FONT BOUFFER, C'EST RIGOLO, MAIS QUAND CE SERA MON TOUR...

QUE VOULEZ-VOUS? IL EST EN PLEINE CROISSANCE... ENFIN, JE CROIS!

CROISSANCE OU PAS, AVEC LUI DANS LES PARAGES, ON EST TOUS EN VOIE D'EXTINCTION.

BON, JE VAIS M'EN OCCUPER. DÉSOLÉ, VIRGILE, MAIS IL VA FALLOIR ISOLER TON COUSIN LE TEMPS DE...

BON, OÙ EST-IL PASSÉ?

AAAAAAH... LA BÊTE EST LÂCHÉE. FUYEZ, PAUVRES FOUS!

T'AS COMPRIS, JABBA? TU RESTES LÀ, SANS BOUGER. ET SI QUELQU'UN ARRIVE, TU FAIS COMME D'HABITUDE!

DÉPÊCHE-TOI, Y'A SA COLLATION QUI S'EN VIENT!

yoh-Fa

RAPPELLEZ-MOI...
DE NE VAMAIS
DIRE À UNE MAMAN...
QUE FON BÉBÉ EST
À CROQUER!

yoh.Fa

35

SHAKE IT SHAKE IT BABY !

SNAP SNAP

VZIIIIIIII !

RHAAA!

DEPUIS QUE CET IMBÉCILE SAIT QUE SON CELLULAIRE VIBRE PLUS QUE LE MIEN, IL M'ÉNAAAAARVE! FAUT QUE JE TROUVE UN MOYEN DE...

AUGMENTER LA VIBRATION DE TON CELLULAIRE?

OUICH!

Mon ami le quasar

C'EST FAISABLE, MAIS ÇA DÉPEND...

... DE CE QUE TU NOUS DONNES EN ÉCHANGE!

T'AS DE L'URANIUM?

HEIN?

HEIN?

DE LA NITROGLYCÉRINE?

36

DE L'ADAMANTIUM?

IGOR, À PART MES POILS ET MA SALIVE, J'AI RIEN D'AUTRE!

BON, LAISSE-NOUS TON CELLULAIRE ET REVIENS DEMAIN! ON VA VOIR CE QU'ON PEUT FAIRE.

SUPER! MERCI LES GARS!

MAIS LAISSE-NOUS UN PEU DE SALIVE DANS CETTE ÉPROUVETTE.

!?

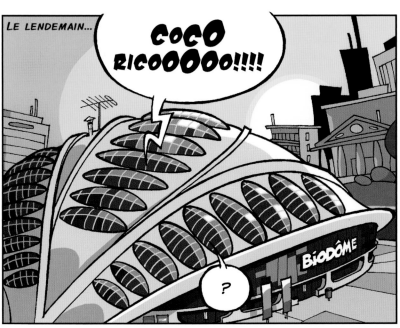

LE LENDEMAIN...

COCO RICOOOOOO!!!!

BIODÔME

?

ALORS, ON A AUGMENTÉ LE VARIATEUR DE LA PUCE EN RÉGULARISANT LA BIPOLARITÉ DU CIRCUIT MINIATURE...

... ET ON A AJOUTÉ UNE PILE CINÉTIQUE QUI, COUPLÉE À UN NANO-GÉNÉRATEUR BÊTAVOLTAÏQUE...

BLA BLA BLA... ÉPARGNEZ-MOI LES DÉTAILS TECHNIQUES! C'EST LE RÉSULTAT QUI COMPTE :

FERMER LE CLAPET DE CETTE LOUTRE VANTARDE!

OUI, MAIS ON N'A PAS ENCORE...

BLA BLA BLA!

MARCO, CONTEMPLE MON NOUVEAU MODE VIBRATION. ET PRÉPARE-TOI À PERDRE TON TITRE!

IMPOSSIBLE!

FAUDRAIT UN SÉISME DE 4.5 SUR L'ÉCHELLE DE RICHTER POUR BATTRE LE MIEN.

BIBLIOGRAPHIE

Des mêmes auteurs

Biodôme - aux éditions Boomerang
1 - Dans le Sens du Poil
2 - De Poils et de Crocs (septembre 2012)

Frédéric Antoine

El Spectro *(avec Yves Rodier)* - Le Lombard
1 - Les Mutants de la Lune Rouge
2 - Trans-Amazonie (janvier 2012)

Yohann Morin

Les Québécois - aux éditions Boomerang
Tome 1
Tome 2 (septembre 2012)